Herstellung: Libri Books on Demand

ISBN 3-89811-712-X

LET US NOT BE TOTALLY ABSURD

Moving and ammusing Poems

Bewegende und amüsante Gedichte

DR. JAWAID AHMAD SIDDIQI †

EDITED BY DR. THOMAS J.G. REISINGER,

INGELHEIM AM RHEIN, GERMANY[*]

WITH THE HELP OF THE FRIENDS OF DR. SIDDIQI

---

[*] Contact: Tel.: +49-(0)177-4453463; eMail: siddiqi@dr.com

CURRICULUM VITAE OF DR. JAWAID AHMAD SIDDIQI

Dr. Jawaid A. Siddiqi, born. 1940 in Aligarh, Indien, studied psychology from 1955 to 1961 at the Aligarh Muslim University. After finishing his studies with the Master of Arts he came to the Johannes Gutenberg – University as PhD-Student in 1962 and received his PhD for a work on „Experimentelle Untersuchungen über den Zusammenhang von Sprachgestalt und Sprachbedeutung" (magna cum laude). Twenty years of teaching and researching at the University of Mainz at the Seminar for Applied Psychology followed. He was manager of this seminar as assistant professor from 1972 to 1978. Until 1989 he was lecturer at the University. Within his years he had temporary assignments to the Ruhr-University and to the Technical University in Darmstadt, both Germany.

Since 1980 Dr. Siddiqi is clinical psychologist (BDP) and therapist in his own practice in Ingelheim and Frankfurt.

Out of his many works and publications (ca. 80) some may be listed:

- Experimentelle Untersuchungen über den Zusammenhang von Sprachgestalt und Sprachbedeutung, Hain--Verlag, Meisenheim / Glan 1969
- Versuch einer strukturtheoretischen Interpretation kognitiver Dissonaz, zusammen mit Fucks, W. und Voss, H.-G., Psychologische Beiträge 1971
- Konservative Polizisten - noch konservativere Strafgefangene: Eine faktorenanalytische Untersuchung mit der Konservativismus Skala von Wilson und Patterson, Psychol.Beiträge 1973, 15, 106-118

Dr. Siddiqi died in Bischofsheim, Germany at October 31., 1997.

Dr. Jawaid A. Siddiqi, geb. 1940 in Aligarh, Indien, studierte von 1955 bis 1961 an der Universität Aligarh Psychologie. Nach dem Abschluß des Studiums mit dem Master of Arts kam er als Doktorand 1962 an die Johannes Gutenberg - Universität, Mainz und promovierte 1966 über das Thema „Experimentelle Untersuchungen über den Zusammenhang von Sprachgestalt und Sprachbedeutung" (magna cum laude). Es folgte eine fast zwanzigjährige Lehr- und Forschungstätigkeit an der Mainzer Universität im Seminar für angewandte Psychologie, dessen Leiter Dr. Siddiqi als Assistenzprofessor von 1972 bis 1978 war. Bis 1989 war Dr. Siddiqi als prüfungsberchtigter Lehrbeauftragter an der Universität. Während dieser Jahre hatte er befristete Aufgaben an der Ruhr-Universität und der Technischen Hochschule Darmstad, (beide) Deutschland.

Seit 1980 ist Dr. Siddiqi als klinischer Psychologe (BDP) und Therapeut in einer eigenen Praxis in Frankfurt tätig.

Aus den vielfältigen betreuten Arbeiten, Veröffentlichungen und Publikationen seien genannt:

- Experimentelle Untersuchungen über den Zusammenhang von Sprachgestalt und Sprachbedeutung, Hain--Verlag, Meisenheim / Glan 1969
- Versuch einer strukturtheoretischen Interpretation kognitiver Dissonaz, zusammen mit Fucks, W. und Voss, H.-G., Psychologische Beiträge 1971
- Konservative Polizisten - noch konservativere Strafgefangene: Eine faktorenanalytische Untersuchung mit der Konservativismus Skala von Wilson und Patterson, Psychol.Beiträge 1973, 15, 106--118

Dr. Siddiqi starb in Bischofsheim, Deutschland, am 31. Oktober 1997

INSTEAD OF A FOREWORD

Jawaid   Ahmad   Siddiqi   (10.10.1940   Aligarh/Uttar
Pradesh/Indien - 31.10.1997 Bischofsheim/Main/Germany)

We have to say farewell to Jawaid Ahmad Siddiqi, a man,
whose importance was something special to all of us. An
importance, which seems unique and unusual, and which never
was expected from anyone of us.

In a moment of uncertainty and of questioning oneself suddenly
somebody appeared, who felt not appointed to give Answers,
but who strangely showed ways, which we would not have seen
otherwise. He gave another perspective to us and for many of us
possibilities visualised, which they have not taken into account.

It became not easier therefor, but there was a connection
between our own history, the dependencies and our potentials,
and we were enabled to perform experiments, to try and to
prove, to explore, how to design our live.

We lost illusions, we became more free, and despite this we
were not disconnected to responsibility to ourselves, which he
could not take away from us, but of which we could make a
better idea from now on.

He showed us how to take care for the facts, how plausible
explanations resulted in ostensible reasons, how authorities may
fake. We became more independent and critical and have taken
the challenge, which existed for everyone of us. For many of us
there was an end with diversion and ostensible trials to solve, to
who we sacrifice our lives in a more than easy way.

As it became clear to us, how we had arranged even in young
years, we had to see, hopefully in time, that we had done a bad
service to us and that our live had been ended early, even if it
would have lasted long.

Now everyone of us knew his hurdle, his weakness and was
despite this able, to develop identity and strength and not to
hesitate in front of tasks. More than anybody had expected we
learned about things and situations, which once were
unthinkable to us and therefor became persons, who knew, that
they have to take stand, that they will be challenged again and

again, but who cope these efforts with fun and satisfaction, who can stand their drawbacks and overcome their crisis's.

In these twenty year I knew Jawaid Ahmad Siddiqi I not seldom doubted, not seldom felt anxiety and anger and may report on hurts, which I do not accept. It was not always easy to distinguish between admiration and scholarly, to draw the borders between subjugation and autonomy. Maybe I did not like to see and accept him as a human being, as a human being, whose own possibilities and frontiers where the reason, that I felt not treated properly. But what could I ask for? He did not promise anything and the way for each of us was of different length and still lasts at the end.

Sometimes we tended to sacrifice our lives and to believe in a supposed message and to follow it and it only showed how weak our hearts are and how we tend to run away from us. Even if he would have liked to free us from this situation, we had to accept, that we will it be ourselves always, who have to make these deciding steps to independence and responsibility. Maybe that was the hardest to see, that he could not do it and that a human being never may do this for another human being.

Wasn't he himself an example, how little we could do for him, even if we tried with all force, how a personality keeps its obstinacy and is prisoned in itself.

Yes love, it was love too. I would like to say, his message was a message of love and that to love hurt and despair belong and at the end of love there is sorrow, for those who stay back.

Stefan Göhring, Frankfurt am Main, Germany, November 1997

Jawaid Ahmad Siddiqi (10.10.1940 Aligarh/Uttar Pradesh/Indien - 31.10.1997 Bischofsheim/Main/Deutschland)

Wir müssen heute Abschied nehmen von Jawaid Ahmad Siddiqi, einem Menschen, dessen Bedeutung für uns alle eine ganz besondere war. Eine Bedeutung, die uns einzigartig und ungewöhlich erscheint, und die niemals von jemandem von uns erwartet worden wäre.

In einem Moment der Unsicherheit und des Sich Fragens tauchte plötzlich jemand auf, der sich nicht berufen fühlte, uns Antworten zu geben, der aber auf Wege hinwies, die wir sonst nicht gesehen hätten. Er verschaffte uns eine Perspektive und für viele wurden Möglichkeiten sichtbar, an die sie nicht gedacht hätten, und die sie für sich selbst auch niemals in Betracht gezogen hätten.

Es wurde nicht leichter dadurch, aber es gab einen Zusammenhang zwischen der eigenen Geschichte, den Abhängigkeiten und unseren Potentialen, und wir wurden in die Lage versetzt, Versuche anzustellen, auszuprobieren und zu prüfen, zu erkunden, wie wir unser Leben gestalten konnten.

Wir verloren Illusonen, wir wurden freier, und wäre doch nicht gelöst von der Verantwortung für uns selbst, die er uns auch nicht abnehmen konnte, aber von der wir uns von nun an einen angemesseneren Begriff machen konnten.

Er hat uns gezeigt, wie wir auf die Fakten achten sollten, wie Plausibilitäten Scheinerklärungen liefern, wie Autoritäten täuschen konnten. Wir wurden selbständiger und kritischer und haben die Herausforderung angenommen, die für jeden von uns bestand. Für viel war es zu Ende mit den Ablenkungsmanövern und den scheinbaren Lösungsversuchen, denen wir uns schon in allzu bequemer Weise hingegeben hatten.

Als uns klar wurde, wie wir uns bereits in jungen Jahren eingerichtet hatten, mußten wir hoffentlich noch rechtzeitig erkennen, daß wir uns damit einen schelchten Dienst erwiesen hatten, und daß unser Leben schon früh zu Ende gewesen wäre, auch wenn es noch so lange gedauert hätte.

Jetzt kannten wir unsere Hürden, unsere Schwächen, und waren doch in der Lage, darüber hinaus Identität und Stärke zu entwickeln und uns vor Aufgaben nicht mehr zu scheuen. Mehr als jeder geahnt hätte lernten wir Dinge und Situationen kennen, die einst für uns undenkbar gewesen waren, und wurden so zu Personen, die wußten, daß sie sich zu stellen haben, daß sie immer wieder gefordert sein würden, die aber diese Anstrengung mit Freude und Genugtuung bewältigen, die ihre Rückschläge verkraften können und Ihre Krisen hinter sich bringen.

Ich habe in diesen zwanzig Jahren, die ich Jawaid Ahmad Siddiqi kannte, nicht selten gezweifelt, nicht selten Unruhe und auch Wut empfunden, und könnte über Schmerzen berichten, die ich auch heute nicht akzeptiere. Es war nicht immer leicht, zwischen Bewunderung und Gelehrsamkeit zu trennen, die Grenzen zwischen Unterwerfung und Autonomie zu ziehen. Ich wollte ihn vielleicht nicht immer auch als einen Menschen sehen und akzeptieren, als einen Menschen, dessen eigene Möglichkeiten und Grenzen dazu führten, daß ich mich nicht angemessen behandelt gefühlt habe. Aber könnte ich das verlangen? Es wurde uns nichts versprochen und der Weg war für jeden von uns von unterschiedlicher Länge und schließlich dauert er noch immer an.

Wir waren manchmal geneigt uns hinzugeben und einer vermeintlichen Botschaft Glauben zu schenken und ihr zu folgen und es zeigt sich hier nur, wie schwach unsere Herzen sind und wie sehr wir geneigt sind, vor uns selbst wegzulaufen. Selbst wenn er gewollt hätte uns aus dieser Lage zu befreien, so mußten wir doch akzeptieren, daß es immer wir selbst sein werden, die diesen entscheidenden Schritt zu Selbständigkeit und Verantwortung gehen müssen. Das war vielleicht das Schwerste, zu erkennen, daß er es nicht konnte und daß es ein Mensch niemals für einen anderen Menschen können wird.

War er nicht selbst auch in Beispiel dafür, wie wenig wir für ihn tun konnten, obwohl wir es doch mit aller Kraft versucht haben, wie sehr eine Persönlichkeit ihren Eigensinn bewahrt und in sich gefangen sein kann.

Ja Liebe, Liebe war es auch. Ich möchte sagen, daß seine Botschaft eine Botschaft der Liebe war und daß zu Liebe auch der Schmerz und die Verzweiflung gehören und daß am Ende der Liebe die Trauer steht für die, die zurückblieben.

Stefan Göhring, Frankfurt am Main, Deutschland, November 1997

We, the students, patients and friends of Dr. Jawaid Ahmad Siddiqi are very touched because of his death. I do not think, that he would have liked this shock. Much more he would have insisted, that we go back to our work, our studies or our education as soon as possible. Grief was not important to him. He always disliked the attention to one's person It was more important to him, to show us ways, making live more agreeable and convenient.

During his years in Germany many of his students and patients met him in University or and his consulting room in Ingelheim. He had an immense knowledge of things, which he acquired from his beloved books. He was a thinker, who looked at thinks in a strickt structural manner and thought always beside the usual ways of thinking. In spite of this he was impressively correct in his explnaitions and predictions. He was not only a teacher for many of his students, he became a friend and father to them. To descripe the exact relationship, words are lacking me. We remember a man, to whom we could come at any time, with whom we could drink tea, to whom we could talk or listen, carefully listen to one of his many poems or with whom we could solve a problem.

Since he is gone, a great gap has opened in our lives.

But we will never forget this great man and his intellectual legacy, never forget the way he thought, the way he talked, his love to books, his poems, which will soon be published in a book, and his great interest for the Orient or his admiration for Abu Bakr, the first caliph and ancestor of Dr. Siddiqi.

To have met him has changed our lives, enriched them and made them more agreable. He did so, by explaining new structures. I once asked him, if there is a simple recipe for these structures. In spite of his opinion, that one has to pay prices for everything and therefore nothing easy exists in live, he named some rules to me.

First he said:" Think complex!", that meant don't believe everything, which seems reasonable at the first glance. Mistrust your own perception . Don't judge if it is possible to avoid. Get as many information as possible.

"Make sensual experiences!". It didn't mean to go for lunch for 600,--DM. He would have neglected this in the same way as he neglected diets.

"Experiment!" He never wanted us to believe him without prove , he wanted, that one just tries the things he suggested.

All these things are useless, if one lacks he right morale. Morale mend to Dr. Siddiqi, that others and oneself should not be damaged. Sensual experiences or experiments which cause damadge to somebody else do not lead to a convinient live.

Sensual experiences for example where persian poems, which he cited. A sample is to be found in the Rubaiyyat of Omar Khayaam:

"Stand up! What are you feeling sorry for the fleeting human world

Life your live totally in thankfulness and joy.

If mankind would be suspended of lap and grave

when would the time be yours to live and to love."

Dr. Thomas J.G. Reisinger, Ingelheim am Rhein, Germany, November 1997

Wir, die Studenten, Patienten und Freunde von Dr. Jawaid Ahmad Siddiqi sind sehr berührt von seinem Tod. Ich glaube nicht, daß ihm diese Betroffenheit recht gewesen wäre. Vielmehr hätte er darauf bestanden, daß wir schnellstmöglich wieder an unsere Arbeit, unser Studium oder unsere Ausbildung zurück gehen. Trauer war ihm nicht wichtig. Er hat die Aufmerksamkeit gegenüber der eigenen Person immer abgelehnt. Wichtiger war es ihm, uns Wege zu zeigen, die das Leben angenehmer und konvenient machen.

Während seiner Jahre in Deutschland haben ihn viele seiner Studenten und Patienten in der Uni oder seiner Praxis in Ingelheim oder Frankfurt kennen gelernt. Er hatte ein immenses Wissen, daß er sich aus seinen geliebten Büchern angeeignet hatte. Er war ein Denker, der die Dinge strikt strukturell betrachtete und immer abseits der üblichen Denkwege dachte. Dennoch war er beeindruckend korrekt in seinen Erklärungen und Voraussagen. Er war aber nicht nur ein Lehrer für viele seiner Studenten, er wurde Freund und Vater für sie. Das genaue Verhältnis zu beschreiben fehlen mir die Worte. Wir erinnern uns an Ihn als ein Mann, zu dem wir jederzeit kommen konnten, mit dem wir Tee trinken konnten, reden oder dem wir zuhören konnten, einem seiner vielen Gedichte lauschen konnten oder mit dem wir ein Problem lösen konnten.

Seit er gegangen ist hat sich eine große Lücke in unserem Leben geöffnet.

Aber wir werden nie diesen großen Mann und sein geistiges Erbe vergessen, nie vergessen die Art wie er dachte, die Art wie er redete, seine Liebe zu Büchern, seine Gedichte, die es voraussichtlich bald als Buch geben wird, und sein großes Interesse für den Orient oder seine Verehrung von Abu Bakr, den ersten Kalifen und Vorfahren von Dr. Siddiqi.

Ihn getroffen zu haben hat unsere Leben verändert, bereichert und angenehmer gemacht. Dies hat er getan, indem er uns neue Strukturen erklärt hat. Ich habe Ihn einmal gefragt, ob es für diese Strukturen ein einfaches Rezept gibt. Obwohl er der Meinung war, daß man für alles Preise bezahlen muß und es somit nichts einfaches im Leben gibt, hat er mir ein paar einfache Regeln genannt.

Er hat zunächst gesagt: „Denken Sie komplex!", das heißt glauben sie nicht alles, was man ihnen erzählt, was auf den ersten Blick einleuchtend erscheint. Mißtrauen Sie auch der eigenen Wahrnehmung. Bilden Sie sich kein Urteil wenn es sich vermeiden läßt. Verschaffen sie sich möglichst viele Informationen.

„Machen Sie sinnliche Erfahrungen!" Es hieß nicht, daß man für 600,-- DM essen gehen sollte. Das hätte er genauso abgelehnt, wie er Diäten abgelehnt hat.

"Experimentieren Sie!". Er wollte nie, daß man ihm ungeprüft glaubte, er wollte, daß man die Dinge die er vorgeschlagen hatte, ausprobiert.

All diese Dinge sind allerdings dann nutzlos, wenn die richtige Moral fehlt. Moral bedeutete für Dr. Siddiqi, daß andere und man selbst keinen Schaden nehmen sollten. Sinnliche Erfahrungen oder Experimente, die irgend jemanden schädigen führen nicht zu einem angenehmen Leben.

Sinnliche Erfahrungen waren für Ihn auch beispielsweise persische Vierzeiler, die er zitierte. Ein solcher Vierzeiler steht in den Rubaiyyat von Omar Khayaam:

Steh auf! Was bedauerst Du die vergängliche Welt der Menschen?

Leb Dein Leben ganz und gar in Dankbarkeit und Freude.

Wäre die Menschheit befreit von Schoß und Grab,

wann wäre jemals die Reihe an dir gewesen, zu leben und zu lieben.

Dr. Thomas J.G. Reisinger, Ingelheim am Rhein, Deutschland, November 1997

Translated by Dr. Siddiqi and printed in a way, that
on the first page the Englisch poem is to be found
and on the next page the German translation

Tradition and Culture
Are the words
Used to justify
Behaving
Like a beast

30.10.88

Tradition und Kultur
Sind die Worte
Die verwendet werden
Um das eigene
Bestialische Verhalten
Zu rechtfertigen

14.6.89

It is time
To apologise
To the hands
Offered to me
And glances
With promises
Of paradises
I did not respond
Very often simply
Because
I thought
I was unworthy
And when that
Not prepared
To pay the price
Afraid it may be
Beyond my means

14.6.89

Es ist Zeit für die Entschuldigung

Zu den Händen

Die mir gereicht

Zu den Blicken

Mit Versprechen von Paradiesen

Ich reagiere nicht

Einfach

Weil ich

Nicht glaubte

Würdig zu sein

Und wenn das

Dann nicht bereit

Die Preise zu zahlen

Auch fürchtend

Sie könnten meine Mittel

Weit übersteigen

11.6.89

Giving promises
And keeping the faith
Is
Perhaps
Worse
Because
At some stage
Later
You end up
Hurting
Anyway
Having not broken
The promise
Makes it somehow
Just unbearable

11.6.89

Versprechen geben
Und sie einhalten
Ist vielleicht
Schlimmer
Weil
Zu einer späteren Zeit
Man irgendwie
Doch weh tut
Daß kein Vertrauen
Mißbraucht wurde
Allen Versprechen
Eingehalten wurden
Macht die Sache
Bloß
Unerträglicher

16.6.89

Making sacrifices

Makes you

even

In the strongest run

Very angry

And

The chances of you

Hurting someone badly

Even killing

Increase rapidly

With each sacrifice

12.6.89

Auch
auf kürzester Sicht
machen Opfer
Für jemand
Dich wütend
Und die Wahrscheinlichkeit
Daß du
Jemanden schwer verletzt
Sogar umbringst
Steigen
Rapide
Mit jedem Opfer

14.6.89

As a child
I stood up
Prepared to fight
Anyone bigger than me
I was left most of the time
Alone
As a young man
I stood up
Prepared to fight
Everyone in authority
Even God
This time
On the whole
The results were not so good
But an the whole
It was not that bad
Now when someone young
Provokes me
I fold my tail
and love it

14.6.89

Als Kind
Stand ich auf
Bereit zu kämpfen
Mit jedem der Größer als ich war
Die meiste Zeit
Hatte ich meine Ruhe
Als junger Mann
Stand ich auf
Bereit zu kämpfen
Mit jedem
Der Autorität war
Sogar den Gott
Dieses mal
Im Großen und Ganzen
Die Ergebnisse waren
Nicht so gut
Aber auch nicht ganz schlecht
Nun wenn ein Jüngerer
Mich herausfordert
Fällt mein Schwanz
Zurück
Und ich liebe das

Is it not normal
When a twenty ear old
Does not sleep well
For months
For reasons of love
It is normal
When a forty year old
Has difficulties
Falling asleep
For months
Without having
Any problems of love

19.6.89

Es ist nicht normal
Wenn ein zwanzigjähriger
Aus Liebeskummer
Nächtelang
Nicht schläft
Es ist normal
Daß
Ein vierzigjähriger
Auch ohne Liebeskummer
Monatelang
Schlecht schläft

19.689

A woman
Who can not stand
Boredom
Cuts the marriage bonds
Or kills her child

19.6.89

Eine Frau

Die Langeweile

Nicht ausstehen

Bricht aus der Ehe aus

Oder bringt ihr Kind um

19.6.89

I never liked
A child
Who talked
Like an adult
I have never liked
An adult
Who talked
Like a child

19.6.89

Ich mochte kein

Kind

Das

Wie ein Erwachsener sprach

Ich mochte keinen

Erwachsenen

Der

Wie ein Kind sprach

20.6.89

Some voices
Though far from sweet
When heard on telephone
Make the heard beat
Faster
And make your whole body warm
Some words
Though said
Aggressively
Meant to hurt
Do not hurt
Because they make you feel
Stronger
And somehow
Needed
At least useful
For once

20.6.89

Einige Worte
Aggressiv ausgesprochen
Und auch
Beabsichtigt
Weh zu tun
Schmerzen nicht
Man fühlt sich gar
Stärker
Und irgendwie
Gebraucht
Zumindest nützlich

Let us not be totally absurd
After all
Nobody
From the Adam of legend on
Ever asked to be born
Not me, not you
And in the beginning
All we did
Was piss and shit
And cry
Learning to walk
Learning to talk
Was not all fun
So whenever
I see
someone taking himself
Too seriously
I get disgusted

15.6.89

Laß uns nicht
Gänzlich absurd
Werden
immerhin
Niemand
Seit dem Adam der Legenden
An
Hat jemals darum gebeten
Geboren zu werden
Und am Anfang
Alles was wir taten
War pissen
Und Scheißen
Und Schreien
Auch das Lernen zu laufen
Auch das Lernen zu reden
Waren kaum ein Spaß
Also
Immer wenn ich
Jemand sehe
Der sich viel zu ernst nimmt
Bin ich angewidert

15.5.89

Considering
How difficult it is
To avoid
Getting better
Once you start
It is a miracle
That people
Don't
Even
Try

15.5.89

Wenn
Man bedenkt
Wie schwer
Es ist
Nicht besser zu werden
Wenn man
Angefangen hat
Es ist ein Wunder
Das so viele
Niemals
Anfangen

Sometimes

I find the tea

That I make

Just excellent

Seldom not good

Most often it is just okay

And I don't dwell on it

Who knows

If me judgements

Have an objective base

Manchmal schmeckt

Mir

Von mir selbst gekochter Tee

Hervorragend

Selten nicht gut genug

Meistens ist er in Ordnung

Und ich denke nicht daran

Wer weiß

Ob ich immer

Das richtige Urteil fälle

Talking about your problems

And liking it

Means

You hate yourself

And anticipate

No pleasure

Wenn Du nur über Deine Probleme

Sprichst

Heißt es

Du lehnst Dich ab

Und

Antizipierst

Keine Freude

Talking about your plans

Means

You have no desire

To carry them out

Because

Talking is for you

So much more

Fun

Wenn Du

Gerne

Über Deine Pläne sprichst

Heißt es

Du hast gar nicht vor

Sie überhaupt zu realisieren

Denn Für Dich

Ist

Das Reden

Soviel schöner

6.7.90

Once you have learned
How something functions
You either keep that knowledge
For yourself
Or show it
Only in the later case
You get better about it

6.7.90

Wenn man gelernt hat
Wie etwas funktioniert
Kann man entweder
Das Wissen für sich behalten
Oder den Anderen vorführen
Nur im Zeiten Falle
Wird man
Mit der Zeit
Auch besser

19.5.89

Man
Is not born
To love
It is
If it happens
An aberration

19.5.89

Zum Lieben

Ist der Mensch

Nicht geboren

Wenn

Es doch einer tut

Dann

Ist es

Eine Aberation

15.5.89

Not only
The female spiders
Eat up
The males
When copulating
It is
An universal law

15.5.589

Nicht
Nur die Spinnen
Fressen
Den Mann
Beim Sex auf
Es ist
Die Regel

15.5.89

The feelings
The passions
That we talk about
Are
Just excusions
For our intentions
To hurt
Every men

15.5.89

Die Gefühle

Die Leidenschaften

Wovon wir reden

Sind

Doch nur Rechtfertigungen

Für

Den

Wunsch

Allen sehr weh zu tun

15.5.89

Tea without sugar
Tastes
Quite alright
Once you get
Used
To it

15.5.89

Tee

Ohne Zucker

Schmeckt

Auch

Wenn

Man

Sich

Daran

Gewöhnt hat

15.5.89

When the organs

Function

Less well

One realises

How little

We actually

Need them

15.5.89

Wenn die Organe
Nachlassen
Merkt man
Wie wenig
Man
Sie braucht

31.5.89

Instead of or together with
The annual house cleaning
I recommend
Cleaning the mind
Of used up ideas
With just a little
Bad conscience
One could try
To get rid of them
Trough a sale
After all
It can not be ruled out
That they may
Still be of use
To someone
Else

15.5.89

Statt Frühjahresputz
Empfehle ich
Von Zeit zu Zeit
Das Gehirn
Von
Abgetragenen Ideen
ZU säubern
Man könnte mit ein bißchen schlechtes Gewissen
aber mit Gewinn
Sie auch versteigern
Denn es ist
Nicht ausgeschlossen
Daß Sie
Für irgend jemand
für eine Zeit nützlich
Sein können

12.6.89

I have doubts
About my mental health
Because
Most of what I see
I find
Very good
As it is
But on the other hand
I don't mind
Actaully
Having doubts
That much either

Ich habe Zweifel an meinem Verstand

Weil ich vieles

Von dem was ich sehe

So wie es ist

Für gut befinde

Aber

Meine Zweifel

Sind auch

Mir nicht unrecht

Whenever
A child is physically
Or mentally abused
A small Hitler
Is being hatched
Many small Hitlers already rule
Many small third Reiches
And the cover
The whole world
It is a small consolidation
That there are
Always some
Children
Everywhere
ho are going to reject
Their inheritance

Wenn immer
Ein Kind
Physisch oder Psychisch
Mißbraucht wird
Wird mit großer Wahrscheinlichkeit
Ein kleiner Hitler
Gezüchtet
Viele kleine Hitler
Bilden viele kleine
Dritte Reiche
Und sie erstrecken sich
Über die ganze Erde
Nur ein Trost ist es
Daß immer einige
Kinder geben werden
Die als Erwachsene
Ihr Erbe
Ablehnen werden

17.5.89

A victory

However big

Feels good

But it is never sufficient

For life

On the other hand

If one learns

To have

Ever never

And different failures

One learns

How to get along

With a beauty

Better

And not to get as badly burnt

As last time

And also

How to enjoy life

More

Even the anxieties become

Interesting

Ein Sieg
Gleich wie groß
Fühlt sich gut
Aber reicht niemals
Für ein Leben
Auf der anderen Seite
Wenn man lernt
Immer neue andere
Mißerfolge zu haben
Lernt man auch
Mit einer Schönen
Zurecht zu kommen
Und nicht so schwere Verbrennungen zu holen
Wie das letzte Mal
Und nebenbei
Auch das Leben
Mehr zu genießen
Werden sogar
Die Ängste
Interessant

22.5.89

Each day
I clear my ashtray
Several times
And it is fairly full
From time to time
I know
It was some part
Of a suicide
But then
I think
Wishing to live
For ever
Is outright
Obscene

22.5.89

Mehrmals
Jeden Tag
Leere ich meinen Aschenbecher
Und jedes mal
Ist er recht voll
Manchmal
Weiß ich
Die Kippen bezeugen
Irgendeinen Teil Selbstmord
aber dann
Denke ich
Der bloße Wunsch
Ewig zu leben
Ist regelrecht
Obszön

15.5.89

Only the deserted

Can talk

About a women

In

Positive terms

.

15.5.89

Nur

Der Verlassene

Kann

Von einer Frau

Positiv sprechen

26.5.89

Ideas are
Also like women
They grow and ripen
Well, not so well
or just indistinctly
But
Even the prettiest
Of them
Gets wrinkles
And only former lover
Can look at them
With pleasure
But mostly
Because they do not see
The ruins
His memories makes him see
The original when at prime

26.5.89

Ideen sind

Auch wie Menschen

Sie wachsen und gedeihen

Gut oder schlecht

Oder so oder so

Aber auch die Schönsten

Unter Ihnen

Bekommen

Mit der Zeit

Falten

Und nur ein ehemaliger Liebhaber

Kann Sie

Mit Freude anschauen

Aber auch nur weil er

Nicht die Ruine

Sondern das Original

Und das in der besten Aufnahme sieht

29.5.89

Being in love
Is Just
Slightly better
Then being tortured
Not loving
However
Is still worse
You end up
Worry about yourself
Now you can see
Why life as such
Is no great deal
But it is
The only game
In town

Verliebt sein

Ist nur knapp besser

Als gefoltert werden

Nicht lieben jedoch

Ist weit schlimmer

Am Ende

Machst Du Sorgen

Über Dich selbst

Nun siehst Du

Warum das Leben

Gar nicht großartig ist

Aber Leider

Die einzige Show

In deiner Stadt

29.5.89

The rulers reflect
The character of the people
Does it mean
Most countries
On this earth
Have people
Worth
Nothing

29.5.89

Die Herrscher reflektieren

Den Charakter

Des Volkes

Heißt es also

Daß die meisten Völker

Dieser Erde

Nichts

Wert sind

30.5.89

Looking back
I think
I suffered
Most
From those hurts
That I did not recognise
As such

30.5.89

Rückwirkend

Glaube ich

Daß

Ich am meisten

An den Kränkungen litt

Die ich

Als solche

Nicht erkannte

30.5.89

Our pride
Is
Our way
Of committing
Suicide

30.5.89

Unser Stolz

Ist

Unsere Art

Selbstmord

Zu begehen

30.5.89

I think
Living too long
Means
Knowing all about
Hell
If you are a
Hypochondriac

30.5.89

Ich denke

Ein zu langes Leben

Bedeutet

Daß man

Alles über die Hölle weiß

Wenn man

Ein Hypochonder ist

14.6.89

How come
whenever I commit
a little suicide
I think
I want to live
for you
a lot longer

14.6.1898

Wie kommt es

Daß

Immer

Wenn ich

Einen kleinen Selbstmord

Begehe

Denke ich

Ich möchte

Für Dich

Sehr

Lange leben

29.5.89

Too many far too many
People
Are out there
Looking for any excuse
To kill somebody
Preferably many
If possible
After a lot of torture
Only they want to be sure
That either
Nobody in power
Will hear about it
Or that
Not they
But somebody else
Shall be persuaded

Wenn man sieht

Wie viele Menschen

Verzweifelt

Nur einen Vorwand suchen

Jemanden

Oder noch besser

Viele

Menschen

Umbringen zu können

Möglichst

Nach schwerster

Folter

Nur es muß sichergestellt

Sein

Daß entweder niemand

Davon weiß

Oder sie nicht belangt werden

27.5.89

Do not pity
The demeaned
And degraded
Teach them
To stand on their own feet
You will be surprised
At the results
You will get

27.5.89

Habt kein Mitleid
Mit den Erniedrigten
Und Beleidigten
Bringt ihnen bei
Auf eigenen Beinen zu stehen
Das Ergebnis wird Euch überraschen

13.6.89

Just because
Whatever we Touch
Does not turn out
To be gold
Even when we spend
Days and decades
The results
Are meeger
We think
Everyone else
Is having
All the miracles

13.6.89

Nur weil
Nichts
Was wir anfassen
Sich in Gold verwandelt
Sogar
Wenn wir Tage und Jahre
Uns etwas widmen
Die Ergebnisse
Mager ausfallen
Glauben wir
Jeder andere
Hat
Alle Wunder

31.5.89

If you want
To live
And feel fulfilled
On an average once a month
Try to avoid
Feeling yourself important
More than that
Is not good
For a human being
Who is born
Because a man and a woman
Fucked
At the night-time
For the woman

31.5.89

Wenn du

Leben möchtest

Und etwa Einmal im Monat

Erleben möchtest

Die Erfüllung

Sei es auch

Nur für Minuten

Vermeide

Um jeden Preis

Daß Du Dir

Wichtig vorkommst

Öfter als oben

Angegeben

Ist es nicht gut

Erfüllung zu erleben

Schließlich bist Du

Doch nur geboren

Weil eine Frau und

Ein Mann fickten

Zur richtigen Zeit

Für die Frau

15.6.89

A little less hope
A lot less wishing
A little more truth
A lot more work
And we shall have
Enough to live for
And time enough
To enjoy

19.6.89

Ein bißchen weniger Hoffnung
Eine Menge weniger Wünsche
Ein bißchen mehr Wahrheit
Eine Menge mehr Arbeit
Und wir hätten
Genug für das Leben
Und auch Zeit genug
Das Leben zu genießen

19.6.89

When I look back
At some moments
I find reliving them
lasts a lot longer
And touches me
In new depths
Of my soul
Now I understand
It is not meant to be
That we profit from
And enjoy
Our Experiences

19.6.89

Wenn
Ich auch einige Monate
Zurückblicke
Find ich (sie) beim Nacherleben
Daß sie wesentlich länger dauern
Und mich
In neuen Tiefen der Seele
Berühren
Nun verstehe ich
Es ist nicht vorgesehen
Daß wir
Von unseren
Erfahrungen
Profitieren
Und sie auch noch
Genießen

19.6.89

Only because
happiness is so rare
we desire it so much
if only we knew
that in large amounts
it is probably fatal
we could avoid
a lot of unhappiness

19.689

Nur weil
Das Glück so selten ist
Begehren wir es
Wenn wir wüßten
Daß ein zuviel davon
Sehr wahrscheinlich
Für uns tödlich wäre
Könnten wir uns
Viel Unglück ersparen

31.5.89

Unearned income
Love
And respect
Make you a junkie
And finally
Turn you
Into a parasite
You start with
Spitting in the hand
That feeds you
And end up
With cutting that hand

31.5.89

Unverdientes Einkommen

Liebe

Und Respekt

Machen aus Dir einen Junkie

Und am Ende

Verwandeln Dich

In ein Parasit

Du beginnst damit

Daß Du in die Hände spuckst

Die Dich nähren

Und endest damit

Daß Du

Sie

Abhackst

19.6.89

Only recently
I learned to appreciate
How lucky I was
That
I never thought
Of hitting a child
And laughing
At an idiot
Or a fat man

19.6.89

Erst kürzlich
Lernte ich zu würdigen
Wie viel Glück ich hatte
Daß mir
Nie einfiel
Ein Kind zu schlagen
Über Dicke und Dumme
zu lachen

30.10.88

Being alone
Means
You prepare for your future
Including
Your own death
In most cases
It turns out
You were either
Too much
Or too little
Alone

30.10.88

Allein sein
Heißt doch nur
Die Zukunft
Vorzubereiten
Einschließlich
Den eigenen Tod
Meistens stellt sich heraus
Man war entweder
Zuviel
oder zuwenig
Allein

30.10.88

When in a forest
Flowers blossom
And wild fruits ripen
And nobody sees them
We do as if it
Does not matter
What counts
Is that we see it
On the other hand
When we have
Pain and suffer
We feel
It is of utmost
Importance
For every one
Anywhere

30.10.88

Wenn in einem Wald

Blumen blühen

Und Wildfrüchte

Reifen

Und kein Mensch

Sie sieht

Tun wir so

Als ob es

Gar nicht zählt

Worauf es ankommt

Ist daß

Wir sie sehen

Auf der anderen Seite

Wenn es uns

Schmerzt

Und wir leiden

Meinen wir

Das müßte

Allen

Überall

An die Nieren gehen

14.6.89

I never understood
Why so many people
Are so afraid of death
And desperately wish
To know
What will happen to them
I myself
Have never been
Able
To understand
Anything
That ever happened
To me
And some if them
I desperately wanted
To understood

Ich habe nie verstanden

Warum so viele Menschen

So viel Angst vor dem Tode haben

Und so verzweifelt

Wünschen

Zu wissen

Was mit ihnen geschieht

Wenn sie tot sind

Was mich betrifft

So habe ich

Überhaupt nie verstanden

Was

Mir je geschah

Und manches davon

Wollte ich

Um jeden Preis

Verstehen

30.10.88

Why does it

Appear to me

That most people

Do all they can

To make

Life

A hell for themselves

And

For as many others

As possible

Could it be

That they have

Thereby

Some secret

That only

They and

Their Gods know

30.10.88

Warum

Erscheint mir so

Daß die meisten

Menschen

Alles tun

Um das Leben

Für sich

Und möglichst

Vielen anderen

Zur Hölle zu gestalten

Könnte es sein

Daß sie dabei

Irgendwelche

Freude haben

Wovon nur sie

Und ihre Götter wissen

19.6.89

God never dies

But we have

To constantly change

The direction of our gaze

19.6.89

Gott stirbt niemals

Aber

Wir müssen

Stets

Unsere Blickrichtung

Ändern

19.6.89

Quite honestly
I am not bothered
So much
Anymore
When I see
Some one
Choosing the direct path to hell
But still
I feel
nausea
for hours
And feel
Slightly guilty
For months

19.6.89

Ehrlich gesagt
Es macht mir
Nicht mehr so viel aus
Wenn ich sehe
Wenn Menschen
Sich selbst
Ins Verderben führen
Aber
Immerhin
Fühle ich mich
Stundenlang unwohl
Und manchmal
Monate lang
Irgendwie
Schuldig

When children smile

At me

I feel

Sad for them

And feel myself weak

Wenn Kinder

Mich anlächeln

Fühle ich mich traurig

Für sie

Was mich angeht

So fühle ich mich

Bloß schwach

Because

I took time

To look

Closely

At many things I saw

It became a habit

Now I hardly remember

What I was searching for

And

It does not matter much

19.6.89

Weil

Ich mir die Zeit nahm

Auch die Dinge

Die ich fand

Aus der Nähe zu betrachten

Wurde es eine Gewohnheit

Nun erinnere ich mich nur

Dunkel

Daran

Was ich überhaupt suchte

Und es bedeutet mir

Recht wenig

15.5.89

As for as
I am concerned
One childhood
Was enough
But
I have
No objection
To being thirty
Or forty or fifty
Or more
Many times over

15.5.89

Für mich gilt es

Einmal

Kind sein

War genug

Aber

Mehrmals

Dreißig

Vierzig

Oder Fünfzig

Oder mehr

Wäre mir

Mehr als Recht

15.5.89

The world
Probably
Will
Never come
To an end
On the other hand
We certainly
Shall die
within decades
And let us
Be honest
It is quite
Appropriately so
Considering
How soon
These days
A man becomes absurd

15.5.89

Die Welt

Wird

In aller Wahrscheinlichkeit

Niemals

Verenden

Auf der anderen Seite

Wir

Werden mit Sicherheit

In einigen Dekaden

Tot sein

Und das

Man muß es ehrlich zugeben

Ist

Angemessen

Wenn wir bedenken

Wie schnell

Wir

Absurd werden

15.5.89

As a child
And also
Many years later
I thought
You had
Your enemies
Forever
Now
I have to concede
You
Cannot
Depend
On it

15.5.89

Als ich ein Kind war
Und auch
Einige Jahre später
Dachte ich
Die Feinde
Hat man
Fürs Leben
Nun stellte
Ich fest
Darauf
Kann man
Sich nicht
Verlassen

15.5.89

Once you start
Cleaning
Your house
And dirt
And stains
Disappear
You feel
You could
Clean
The whole world

15.5.89

Wenn

Man anfängt

Zu hause

Zu putzen

Und sieht

Wie Dreck

Und Flecken verschwinden

Denkt

Man

Man könnte

Die ganze Welt

Sauber machen

30.10.88

Bringing
Gifts of love
To older
And ever newer
Favourites
Is
What I wish
To loose last

30.10.88

Das Mitbringen
Von Liebesgaben
An ältere
Und immer neuere
Favoriten
Ist das
Was ich
Mir wünsche
Zu allerletzt
Zu verlieren

1.6.89

Nobody
Can ever hope
to reach
A man
Who talks
Of treason
Preventing progress
It is best
To run away
As far as possible

1.6.89

Niemand darf hoffen
Jemand zu erreichen
Der von Verrat spricht
Als Erklärung für Verfall
Am besten sollte man weglaufen
So weit wie möglich

30.10.88

Let us ask

Why

We ask

Questions

When

Within minutes

We don't remember

Anything

From the

Answers

Couldn't it be

We don't know

Or dare

Ask quwstions

A response to which

We could

Remember

A little longer

30.10.88

Fragen wir auch

Warum wir

Fragen stellen

Wenn wir an

Die Antworten

Nach wenigen Minuten

Uns nicht mehr

Erinnern

Könnte es sein

Daß entweder

Nicht wissen

Oder wagen

Fragen zu stellen

Wo wir uns

Die Antwort länger

Behalten können

30.10.88

Television
Is there
So that
We learn
Ever never
Dark sides
Of human sides
Of human souls
Perhaps, hopefully
It scares to hell
Some

30.10.88

Fernsehen

Ist

Dazu da

Daß wir

Immer neue Abgründe

Menschlicher Seele

Kennenlernen

Vielleicht, hoffentlich

Erschreckt es einige

15.5.89

If you take a step
You are
Very likely
To make another
And then another
Till you forget
Why you started
And where
You wanted
To go
But remember
Those
Who never took a step
Died
Not knowing
That
They
Never lived

15.5.89

Dem ersten Schritt

Folgt gewöhnlich

Ein nächster

Bis man vergessen hat

Warum man begann

Und wohin

Man wollte

Vergiß aber nicht

Diejenigen

Die nie den ersten Schritt

Nie wagten

Starben

Ohne je

Gelebt zu haben

17.5.89

It seems to me
Human beings
Can at best
Aspire
That they
Are not totally ashamed
Of what they did
The next day
Even
A year later
Is
Decidedly
Too long

30.5.89

Mir scheint es
Daß die Menschen
Höchstens
Danach streben
Können
Daß sie am nächsten Tag
Sich nicht schämen
Was sie heute tun
Schon
Ein Jahr später
Ist entschieden
Zu lang

26.5.89

I have

Nothing against a God

Who is far

And neutral

And just registers

My deeds

And then

After my death

Passes a sentence

But a God

Who meddles in my affairs

I can

Never

Respect

26.5.89

Ich habe

Nichts

Gegen einen Gott

Der fair und unparteiisch

Meine Taten registriert

Und nach meinem Tode

Ein Gesamturteil fällt

Aber einen Gott

Der sich

In meine Angelegenheiten

Einmischt

Kann ich

Niemals

Respektieren

29.5.89

How comes
My heard bleeds
So easily
For the pain
Other suffer
Maybe
God did not mean
That
I remain dumb
For that
I thank you dear sir
Because
I think a heard
That s bleeding
Too often
Because I have my own pain
Might bore me to death
And I like to life

29.5.89

Wie kommt es

Daß mein Herz

So leicht - so oft

Für die Leiden anderer

Zum Teil wildfremder

Kontinenteweit entfernter

Blutet

Vielleicht hat der Gott

Gemeint

Ich soll nicht dumm bleiben

Dafür wertester Herr

Danke ich

Weil ich glaube

Daß ein Herz, das

Zu oft blutet

Weil ich Schmerzen habe

Würde mich zu Tode langweilen

Und ich das das Leben

Jedes Jahr

Etwas mehr genieße

31.5.89

Once a month
For just a couple of minutes
I wish
I could see you
As you are today
And me ageing
As I do
But you remaining as you are
We need never talk
As before

31.5.89

Einmal im Monat
Nur für ein paar Minuten
Wünsche ich mir
Sie zu sehen
Wie sie heute ist
Wobei ich altere
Und sie nicht
Reden brauchen wir nicht
Miteinander
Wie auch bisher

31.5.89

Today I saw her again
At the railway station
And I remembered
Just a year ago
I asked myself
If the slim young person
Was a boy or a girl
Today inspite of short hair
There was no doubt
And she appeared
To be shorter

31.5.89

Heute sah ich sie
Wieder am Bahnhof
Und ich erinnere mich
Ich habe noch vor einem Jahr
Mir Gedanken gemacht
Ob die schlanke Person
Wohl ein Junge oder Mädchen war
Heute gab es
Trotz einer kurzen Frisur
Keine Zweifel
Und sie kam mir
Auch
Kleiner vor

12.6.89

There are
Very few people
That I never met
And
Miss terribly
To be honest
There is none
But
Some
That I met
I sometimes
Miss
Terribly
And
Again to be honest
The number is quite large

12.6.89

Es sind
Ganz wenige Menschen
Die ich nie traf
Und schrecklich vermisse
Um ehrlich zu sein
Davon gibt es keine
Aber
Die ich traf
Vermisse ich
Manchmal
Schrecklich
Und
Um ein zweites mal ehrlich zu sein
Davon
Gab es
Wirklich recht viele

12.6.89

Somewhere
Around fifty
If lucky
We find out
We can fly
Because the burdened self
Is free of illusions
That weighted so nuch
So long
That just breathing
Was difficult
Sensible enough
We feel
Quite content
When we can walk
For an hour
Without pain
And talk even longer
Without a lie

12.6.89

Irgendwann
Um die fünfzig
Wenn man Glück hat
Fühlt man
Man kann fliegen
Weil das überladene ich
VonLast der Illusionen
Die so schwer wogen
Daß schon das Atmen immer
Eine Mühe war
Auf einmal
Uns erleichtert wissen
Sinnvollerweise
Wir fühlen uns wohl
Wenn wir
Schmerzlos
Eine Stunde laufen können
Ohne zu lügen
Noch länger mit jemand
reden können

12.6.89

When the breasts
Of a girl
Grow too large
Too soon
She must adjust
Too fast
Too radically
As expected
It
Hardly ever
Happens

12.6.89

Wenn

Die Brüste

Eines Mädchens

Zu früh

Zu groß werden

Muß es sich

Zu früh

Zu gründlich

Umstellen

Erwartungsgemäß

Klappt es

Selten

30.10.888

Even love

Has to be learned

And only

With lots of practice

We can expect

To have

A few

Successfull performances

30.10.88

Sogar die Liebe
Wird gelernt sein
Nach viel Übung
Kann man
Einige
Erfolgreiche Auftritte
Erwarten

11.6.89

Probably the main reason
why a man
does not like getting older
is
that he has
to spend time
doing cosmetic work
on himself
like cutting the hair
in his ears
which is quite
inconvenient
and
seems somehow
absurd

Vielleicht

Der Hauptgrund

Warum ein Mann

Das älter werden nicht mag

Liegt darin

DAß das Alter

Ihn zwingt

Für kosmetische Arbeiten

An eigenem Leibe

Zeit zu verwenden

Zum Beispiel

Die Haare an Ohren zu schneiden

Welches

Nicht nur

Recht unbequem

Sondern

Irgendwie auch

Absurd ist

I had heard

And read

So often

About the day of judgement

That till today

I somehow

Accept it

In more ways

Than I care to count

But just five minutes ago

It crossed my mind

Could it also be the night

And in some cases Weeks even yeas

And could it be

Some cases are so complex

That even God

Does not pass a sentence

Fearing

Being thrown out

In the revision

Ich hatte
So viel so oft
Vom jüngsten Tag
Gehört und Gelesen
Daß ich bis heute
Irgendwie
Den akzeptiert hatte
In mehrfacher Hinsicht
Als mir jetzt lieb ist aufzuzählen
Aber nur eine viertel Stunde ist es her
(Weil ich vor zehn Minuten
Das Gedicht auf Englisch
Schrieb)
Daß mir einfiel
Könnte es nicht auch
Die jüngste Nacht sein
Oder Woche oder Jahr
Und könnte es auch
So sein
Daß einige Fälle
So komplex sind
Daß auch Gott
Auf Urteile verzichtet
Weil er denkt
In der Revision
Wird sein Urteil
kaum Bestand haben

7.6.89

Today
Everybody seems
Just to have one wish
To save the world
Me thinks
As usual darkly
That would be
The catastrophe
In the save world
I don't want to live
At any cost
Even a couple of dozens
Of atomic bombs
I wont mind

7.6.89

Heute will jeder
Die Welt retten
Vor Untergang
Mich dünkt
Das wäre
Die Katastrophe
In der geretteten Welt
Möchte ich
Niemals leben
Sogar ein paar dutzend
Atombomben
Wären mir lieber

11.6.89

Having died
So often
So many different deaths
It is no more dying
That scares
It is
If at all
Just living

11.6.89

Da
Ich bereits
So oft
So viele verschiedene Tode
Gestorben bin
Es ist
Nicht mehr der Tod
Der mir Angst macht
Wenn überhaupt
Dann
Ist es das Leben

PART 2

English and German poems without translation

30.10.88

I used
To get angry
When
People seemingly
Whishing to know
Me better
Asked me to tell them
All my secrets
Today it makes me only sad
That people think
They know
Something about a person
By hearing a secret

26.5.89

Ich frage mich
Ob überhaupt
Die Erde
Die wie ich weiß
Mir sowieso nicht gehört
Wirklich so viel wert ist
Wie fast jeder beteuert
Ich fürchte aber
Wenn so viele Menschen
Manchmal ganze Nationen
Einschließlich
Die dortigen studierten Analphabeten
Und Giftmischer
Sie unbedingt
Retten wollen
Sie vielleicht
Doch
Dadurch gefährdet wird

12.6.89

The older penis

Gives

More pleasure

Than the younger

Especially after that

But

There is always a fear

It is

Breakable

27.5.89

Wenn man
Auf einen Anruf wartet
Hofft daß jemand
Was nettes sagt
Wünscht
Daß man eingeladen wird
Möchte
Daß alle
Einem Zuhören
Hat man
Sein Ziel erreicht

27.10.83

There was a time
When so many people
Were talking with me
And I thought I had
No time to hear myself
I learned to cut off
The voices that I did not like
Now each year
The silence around me
Grows and I wish
I could hear some now
That I did not hear then

27.5.89

Für die Liebe
Ist der Mensch
Nicht geschaffen
Alles was geboren wird
Ist ein Räuber
Und Schmarotzer
Nur der Mensch
Benutzt
Große Worte
Wie Liebe und Moral
Um
Mord zu vertuschen
Weil
Bei Menschen nur
Die Feiglinge
Siegen

25.9.88

Writing a love poem
Is difficult
Not that I don't know
What to say
It is just that my thoughts
And ideas
Are so different
And new
And my vocabulary
Has still
No adequate words
But hopefully
Some day

26.5.89

So schön kann
Nicht einmal eine Frau sein
Daß
Sie allen am besten gefällt
Also muß etwas nicht stimmen
Wenn einmal
So viele
Nur die Welt retten wollen
Wo bereits viele Länder
Wie Indien
Eine einzige Latrine sind
Und in der Hauptsache
Nur stinken
So schön ist die Welt
Wirklich nicht

24.5.88

Knowing fully well
That beauty pleases
But soon we either
Get used to it
Or it changes
Sometimes into ugliness
Over the years
Who come to long
For the beauty of the soul
Is it because
We know
There is no soul
And therefore
We will not be
Disappointed again

11.6.689

Früher
Nur Deine Brustwarze
Jetzt öfter
Beinahe
Deine ganze Brust
In meinem Mund

15.6.89

Now and then
I think men
Are made to fight
And women to be a pleasant sight
And everything
Turns out to be alright
When men do
What they are made for
And women do
What they are made for

31.5.89

Gerade

Wenn

Man meint

Unendlich viel

Erzählen zu können

Stellt sich heraus

Man hat

Eigentlich nichts zu sagen

Außer daß man

Am liebsten

Alle

Umbringen möchte

Möglichst

Grauenhaft

Und dies

Immer wieder

In wenigen Variationen

15.6.89

I know

I know

Young boys

Young girls

Want to talk

About themselves

Want to show

Why they know

What they know

What they have

I know

I know

They like best

When someone they trust

Can

attest

Their attractiveness

And show then

How to solve

Any problem

30.10.88

So war

Wie es ist

Daß Gott die Menschen

Schuf

Und auch heute

Jeden Tag

Kindergesichter und Kinderknochen

Zu Hunderttausenden

Gestaltet

Warum er eigentlich

Jetzt

Wo genug Menschen da sind

Die Produktion

Noch steigert

Wissen wir nicht

15.6.89

Now and then
I think men
Are made to fight
And women to be a pleasant sight
And that everything
Turns out to be alright
When men do
What they are made for
And women do
What they are made for

17.6.89

Als sie zu mir sagte

Dazu bin ich

Indifferent

Fragte ich sie

Ob mehr in

Diff

Oder rent

Sie sagte rent

Dabei

Merkte sie

Überrascht und erfreut daß sie

Überhaupt eine Antwort wußte

Nicht

Daß ein e fehlte

The rest of the world
Never mattered to me
It is true
But then I realised
I myself
Was never important enough
To me either
I thus did not cause
Any storms anywhere
And that is what-
I came to learn
Is what I like best

15.6.89

Leben um jeden Preis

Kann nicht

Der Sinn sein

Auch wenn

Sterben wollen

Selten

Vernünftig ist.

14.6.89

How comes
Whenever I commit
A little suicide
I think
I want to live
For you
A lot longer

18.6.89

Weil die ganze Welt
Voller Menschen ist
Die auch nahe einander wohnen
Denken viele
Alle anderen
Können mit anderen reden
Können glücklich sein
Sie wissen sie machen Fehler
Sie wissen sie handeln böse
Sie wollen nur, daß niemand
Die Fehler sieht
Sie wollen daß keiner sie böse nennt
Sie glauben an das Gute
Sie können damit
Nur nicht angeben

13.6.89

You can have
Quite a good life
If
You have
Hardly enough time
To count
The times
You regret
You did not do
What
Might have been
Good for you

14.6.89

Vergessen wir nicht
Daß wir Männer
Zumindest
Jedesmal wenn wir
Impotent sind
An uns zweifeln
Während
Jede Frau
Mit Ihrer Tiefkühltruhe
Immer
den anderen
Die Schuld gibt.

13.6.89

Knowing
The time
To leave
The most powerful traces
Is gone
Is somehow sad
But I still
Don't understand
which how

Was tun wir

Wenn wir leben

Wir kämpfen

Und wollen nichts hergeben

Was uns gehört

Oder was wir begehren

Und als Ergebnis

Siegen wir

und siegen

Bis alles um uns

Verbrannt ist

Nichts mehr

Da ist

Was uns gehörte

Und was wir begehrten

Wollen wir auch nicht mehr

7.6.89

Burn the beards
Of the book burners
Tell them
Their faces are a bad omen
Tell them their seemen stinks
And will produce monsters
Tell them
They are not welcome
In our houses

31.5.89

Nur ein Liebender
Lernt
Sich zu Fürchten
Nur ein Liebender
weiß (kann)
Eine anständige Geste
würdigen
Nur ein Liebender
Kann
Vorbehaltlos
Sich hingeben
Nur ein Liebender
Kann
Den Leib, die Seele
Und mehr
Erobern

30.10.88

With so much pain
Within and without
With so many wishes
And so little time
You start to wonder
What life is about
And if being alive
Might be a crime
With so many pleasures
Minuscule, medium and great
So many things to see
So many things to feel
You start to wonder
With so many love, why hate
And that being alive
Is just a wonderful deal

30.10.88

Ein Kind muß
Mehrmals
Jeden Tag laut lachen
Und
Wütend sein
Eine junge Frau muß
Mehrmals
Jeden Tag lachen
Und verärgert sein
Für einen Erwachsenen
Reicht es
Wenn er öfter lächelt
Und selten
Wütend ist

20.6.89

We can only appreciate
What we once had
And did not estimate
Then
More often
We feel threatened
By our lack of appreciation
Of ourselves
Then
And then
End up hating
What we could have enjoyed

25.5.89

Wenn das Ende Naht

Meint man selten

Daß

Das Leben lange genug war

Man will weiter leben

Am besten mit Organen

Die verjüngt sind

Und

Nur noch

Wie ein Kind

Sich benehmen

Dabei hat

Selten jemand

überhaupt

Sich jemals

Wie ein Erwachsener

Benommen

11.6.89

Because
A moment of bliss
Followed by dozens more
Later
Somehow did not last
Forever
We
Born ungreatfuls
Believe
We did not love
And behave
Accordingly

20.6.89

Manche Stimmen

Obwohl keineswegs süß

Durch Telefon

Auch verzerrt

Bedingen

Daß das Herz

Schneller schlägt

Und das ganze Körper

Sich wärmer fühlt

15.6.89

Women
Who when young
Never got fucked
Throuout fully
And still have
A deep frozen pussy
And men
When young
Never ever
Found what a penis
Is for
Because they never
Intended to grow up
Loving being babies
Feel threatened to their core
When they sea a women
Who has a warm pussy
when they see a man
Who has a naughty penis

14.6.89

Der Tod lauert
Überall
In Slums
Und in Luxusherbergen
Auf gepflegten Gärten
Und im Dschungel
In Krankenhäusern
Und Fußballstadien
In bebusenten Frauen
Und in bepenisten Männern
Mir persönlich
Wäre
Jeder Tod
Recht
Solange
Es nicht zu auffällig ist
Und niemanden
viel Arbeit kostet

14.6.89/20.6.89

It is easier
To convince someone
That you love her
If you donut
Because it is easier
To convince yourself
You do
And then you can play the role
Learned from your culture
Perfectly
Since no one talking
And writing about love
Ever felt it
It is quite convincing
Since no one knows better

10.7.1990

Siehst Du

Eine exaltierte Frau

Dann sei klug und hau

Ab

Denn

Das heißt nur

Daß auch Du

Eine Drecksau

Wirst

Und erst spät

Wo alles vorbei ist

Merken

Die Schau

War Nur

Ein freiwilliger

Striptease

Einer achtzigjährigen Frau

15.6.89

I have read
About Nirvana
About Yoga
And I have seen people
Practising their faith
Let me tell you
Explicitly
With no modification
The people were psychopaths
The rest were
Inadequate personalities
And even if
What is written were true
The things promised
Are worth no effort
At all
As far as I am concerned

Immer wenn bei mir etwas

Schiefgeht

Aber kein Schaden entsteht

Denke ich

Verflucht

Vielleicht bin ich doch

Auserwählt

Für etwas

Was ich sicher

Selbst niemals will

15.6.89

Not everyone
Should try
Or even wish
To be daddy's girl
Or mommy's son
Especially
If they always
Wanted you
To depend on them

6.7.1990

Der Wunsch
Schöner, reicher
Mächtiger, intelligenter
Zu sein
Ist ungesund
Weil es meistens nur
Heißt
Als alle
So bringt man
Alle Rivalen um
Und ist am ende
Nur einsam

15.6.89

Men and women
Remember
When
Their bodies
Really met
The men feel all hot
The women all wet
And they feel
Completely alive
And even years later
In moments of solitude
There is sudden burst of gratitude

Wenn eine Topfblume
Über einen Monat lang
Blüht
Denke ich
Sie tut es nur für mich
Und ich komme mir
Unwürdig vor
Wenn
Eine Topfblume
In meinem Zimmer
Über einen Monat lang blüht
Denke ich
Sie tut es nur für mich
Und ich bin gerührt
Wenn eine Topfblume
In meinem Zimmer
Über einen Monat lang blüht
Denke ich
Vielleicht
Überanstrengt sie sich
Wenn eine Topfblume
In meinem Zimmer
Über einen Monat lang blüht
Denke ich
Sie kann sich
Nicht beherrschen

Accepting love
is outright impossible
for a woman
because
it means
letting someone invade
all the depths of your body
allowing him to show
things you never knew
you had in your body
and being trapped
in that sensation

11.7.90

Mir scheint daß die Topfblume
In meinem Zimmer
Schon zwei Monate blüht
Ich hoffe
Sehr
Daß sie noch zwei
weitere Monate
Dasselbe tut
Wenn nicht
Bin ich
Mit Ihr keineswegs
Böse
Sondern
Nur dankbar

26.5.89

Accepting love
is very difficult
for a man
because it means
protecting
with hands and head
someone
you can never
understand

8.7.90

Laßt uns

Irren

So daß wir

Mindestens

Eine Chance haben

Überhaupt etwas zu Lernen

Denn

So wie es jetzt ist

Haben wir

Nicht einmal eine Ahnung

Was wir

Können wollen sollen

Müssen

With so much pain
within and without
with so many wishes
and so little time
you start to wonder
what life is about
and if being alive
might be a crime
with so many pleasures
minute, medium, and great
so many things to see
so many things to feel
you start to wonder
with so much to love
why hate
and that being alive
is just a wonderful deal

8.7.90

Wenn es so weitergeht
Bin ich sicher
Eines Tages
Wird die Erde
Blühen
Bis
Die Giftmischer
Ihren Wirkungsbereich
So weit
Vermehren
Daß es überall
Ruinen gibt
Aber
Auch sie
Werden schöner sein
Als die alten

30.10.88

I used to get angry
when people seemingly
wishing to know me better
asked me to tell them
all my secrets
today it makes me only sad
that people think
they know
something about a person
by hearing a secret

8.7.90

Kein Mensch

weiß

So viel

Daß er

Einem anderen

Etwas vorschreiben kann

Fast alle

Wissen

Genug

Um etwas

In Frage zu stellen

Und

Nicht alle Fragen

Sind dumm

25.9.88

Recently a young girl asked me
to give her twenty Pfennig for telephone
because the train we often travel in together
was late
I was touched and presented her a handful of coins
to take what she wanted
she took her twenty and gladly thanked
since then we smile
when we see each other
at the station
often we greet

8.7.90

Die straffen Brüste
Einer Frau
Kann nur
Ein Mann genießen
Die Frau weiß nur
Daß
Sie
womöglich
Etwas
Wertvolles
Besitzt

25.9.88

It is a comfort to know
that every day
everywhere on this earth
couples get married
ceremonially
it warms my heart to know
that some of them
are going to be happy

21.1.90

Lange blieb ich
Unberührt
Von der Kunde
Der Gott ist tot
Aber an meinem Allah
Zweifelte ich nie
Heute fiel mir ein
Ein eifersüchtiger Gott
Ist wie eine hysterische Frau
Und macht nur
Schwierigkeiten
Der christliche Gott
Macht einen verrückt
Als Toter ist er besser
Allah hat nie gelebt
Er ist nur da
Und kennt eine Sünde
Wenn
Wenn
Ein Erwachsener
Sie wissend begeht
Damit kann ich leben
Damit kann ich sterben

25.9.88

Empty promises
probably
that is all
I have to give
because
if I really had something
of value
I may not wish to give it
anyway
then there will not
be any need
to give a promise

22.7.90

Wenn man keine Details
Kennt
Und nicht weiß
Was es heißt
Sich zu überlegen
Wie es sein könnte
Und es auch
Auszuprobieren
Und dabei
Öfter zu scheitern
Als einem lieb sein kann
Und
Dann
Zu erfahren
Man kann es besser
Hat nie erfahren
Was es heißt
Ein Mann zu sein
Der lachen kann
Der lieben kann
Der das Leben kennt

There are very few people
that I never met
and miss terribly
to be honest
there is none
but some that I met
I sometimes miss terribly
and again to be honest
the number is quite large

Wenn

Menschen kleine Probleme

Haben

Machen sie größer

Bis zur Unkenntlichkeit

18.7.90

All my life
I have heard
People confess
To me or in my presence
Kinky things they had done
Most of them had gone to
And earned a university degree
In some cases
It was earned
And not deserved
In most others I assume merit
I always felt
The wanted a loud appearance
And would have
Gladly killed
For not getting it
If they knew
How to avoid
Being
sentenced

11.7.90

Es ist schon gut so

Daß

Alle Menschen sterben

Wenn junge Menschen

Und Kinder sterben

Stört uns hauptsächlich

Weil sie

Das Gefühl

Des Scheiterns

Nie erfuhren

21.1.90

Talking of love
Is like describing Martians
People tend to believe
The description
Although the are quite sure
Mars has no life
And could not have
Sustained it

11.7.90

Wie kommt es

Daß

Eine Frau zwei Brüste hat

Könnten nicht

Zwei Frauen

Eine Brust

Teilen

17.7.90

I think
When it is time
To go
I will go
I have seen
To many survivors
Who did not live
A day
For years and decades
And then
Died anyway

14.7.90

Ich habe

Heute

Zwei Leute eingeladen

Und Ihnen

Versprochen

Eine Bekannte und eine

Unbekannte Freude

Uneingeschränkt

Von mir garantiert

Sie haben ja gesagt

Am Telefon

Ich hörte eine gewisse Freude

Zunächst

Fasse ich zusammen

Meine Versprechen

Sind glaubwürdig

Und das ist für mich

Nicht ganz ungeheuer

Aber geheuer wichtig

17.7.90

Life
Is not sacred
It lasts only a few decades
Most people
Fill it
With self-made horrors
To justify
Hurting others
And forcing
Themselves
In the centre of affection
Till everyone
Runs away
Disgusted
Angry

Nähe

Zu Menschen

Ist wichtig

Aber richtig

Ist es auch

Viel Distanz

Zu bewahren

Denn so

Wählt man die

schönen

Und die Nützlichen

Und damit

Kann man ganz gut fahren

Man wird öfter satt

bekommt keinen Bauch

17.7.90

I never met
An innocent man
Some that I thought were genuine
Turned out
To be experts of a local dialect
Playing a role
And enjoying it
And hating it
In a decade or two
They were evidently
Too old
For the role of the wronged
Young hero
Others I did not find
Convincing even
As a child

19.1.92

Ich fragte mich
Weil ich weiß
Niemand ist klüger
Als ich
Warum
Die Vögel singen
Denn zu besingen
Haben sie nicht viel
Denn keine Vögelin hat
Auch eine einzige Brustwarze
Die Antwort blieb ich
Mir selbst schuldig
Und sieben Stunden lang
War es mir mulmig

17.7.90

An innocent
Women
Is impossible
Even the two year old girls
Know
Advanced manipulation
But
That is besides the point some women
Warm you
Many don't
I never understood
What one could do
With an innocent
women
That would please
A sensuous man

Ich fragte mich

Weil ich weiß

Niemand ist klüger

Als ich

Warum wohl die Fische schwimmen

Da fiel mir ein

Sie leben im Wasser

Und haben keine Füße

Da fand ich die Frage dumm

Und blieb mehrere Stunden stumm

Und habe mich

Ein bißchen geschämt

Nun

Ab sofort

Werde ich

Über die Fisch

Keine Frage stellen

6.7.90

Life is rough
Life is tough
Because it turns out
Even lots and lots of love
Is not enough
You end up learning
Or you don't ever
Food tastes best
When you have worked hard
Summer is enjoyable
After a long winter
And vice versa
Thus you have to have
Lots of pain
So that you end up
Having a few months
Of bliss
Only I know
That some pains
Are also a joy

Ich fragte mich

Weil ich weiß

Niemand ist klüger

Als ich

Warum werden so viele Menschen

Niemals von einer Muse geküßt

Die Antwort ist einfach

Sie trinken Kaffee ungesüßt

Sie fasten und fasten

Und bekommen einen dicken Arsch

Und bekanntlich

Mögen die Musen

Dicke Ärsche nicht

18.7.90

If God
Is the ultimate judge
Could it be that his judgements
Are so different
From those we know
That we don't even know
We have already been
Sentenced
And
Are already
Doing our time

Ich fragte mich
Weil ich weiß
Niemand ist klüger
Als ich
Warum wohl so viele Frauen
Und so viele Männer
Immer wieder beteuern
Daß Sie die Natur
Und die Tiere lieben
Wenn Sie
Nachweisbar
Selbst trotz dieser
Angeblichen Liebe
Selbst keineswegs
Auch leidlich erträglich sind
Nach langem Denken
Fiel mir ein
Denn Sie wissen nicht was sie sagen
Sie wissen nur
Sie wollen
Daß niemand sich wohl fühle
Weil sonst
Müßten Sie zugeben
An Ihrer Unerträglichkeit
Sind Sie selber Schuld
Und dann wird es Ihnen
Auch nicht besser gehen
Und das ist schwer zu verstehen

I think

A few years

Of floods

In Sahara

Will bother none

And

Please

Quite a few

One may even see

In the desert dunes

Some one eyeds

Some hunchbacks

Dancing

Ich fragte mich
Weil ich weiß
Niemand ist klüger
Als ich
Warum wohl die Vögel singen
Nach kurzem Denken
Fiel mir ein
Sie haben alle Füße
Das Fliegen muß nicht unbedingt sein
Wenn sie es trotzdem tun
So doch nur
Wenn Sie es vielleicht wollen
Denn müssen müssen Sie nicht
Oder es fällt Ihnen
Schlicht leichter
Als gehen
Oder Sie möchten
Möglichst öfter
Von oben
Auf alles herabsehen
Da habe ich mich
Sieben Sekunden gefreut
Und das Stellen dieser Frage
Keine Sekunde gereut

17.7.90

After a quarter century
Full of research
I can say
I did try
And understood
That heaven is somewhere
In the sky
Since the air gets thinner
The higher you fly
Your soul will live
When you die
In a climate with no air
There will be no water
Everything shall be dry
You may wish
To live there eternally
It is alright with me
But that kind of best case
That is me going to paradise
Is something

That disgusts me

And even when

An unleasing of happy

Of Hours assured

I am sorry

I don't buy

That car

Because when I am dead

I want to die

And remained dead

My life was good

but two would be to much

Let God and his angels

Sit judgement on me

And let them decide How my life was

But I don't accept

Any sentences

After my death

Nur wenn man
Scham und Schuld
Kennt
Und lernt sich
Zu bessern
Wenn er einen Fehler
Zum zweiten Mal macht
Weiß man
Was Peinlichkeit ist

Ich fragte mich

Weil ich weiß

Niemand ist klüger

Als ich

Warum viele Menschen keine Brille tragen

Nach Stundenlangem Denken

Fiel mir ein

Sie meinen

Sie sehen alles echt

Und da haben sie recht

Sie sind

So wie die anderen Tiere

Und Insekten

Und Bakterien und Vieren

Aber Menschen sind sie nicht

Denn ein Mensch wird er/sie

Durch Brille

Sonst bleibt er ein Affe

Oder eine Grille

Denn im Stillen ist eine Brille

Was schönes

Und in der Hektik ist eine Brille

Auch was schönes

18.6.89

Without heroes and gods
Life at first seems empty
Words meaningless
Actions isolated bubbles
But then there comes the realisation
That things should not be for eternity
That even happiness and severity
Are rather foolish

Ich fragte mich
Weil ich weiß
Niemand ist klüger
Als ich
Warum wohl die meisten Menschen
Sich und die anderen fürchten
Eine halbwegs
Vernünftige Antwort die mir einfiel
War
Sie tun es zu recht
Denn
Sie sind echt
Fürchterlich
Eine weitere viertelwegs
Vernünftige Antwort
Die mir auch einfiel
War
Fürchten ist auch
Ein Zeitvertreib
Und die meisten Menschen
Haben
Sowieso
Nichts vernünftiges zu tun
Und nun stellte ich
Erfreut fest
Die viertelwegs vernünftige Antwort
Ist zwar noch nicht die ganze Reise
Aber gut, gut und zum drittenmal gut

2.6.89

I know
Poets have
Also
A limited number of questions
Thus in a longer poem
The question
are relatively
few

14.7.90

Zuhören könne

Ist nicht gut

Reden wollen

Noch schlechter

Denn im ersten Falle

Wird man Voyeur

Im zweiten Falle

Ein widerlicher Wächter

Der Moral anderer

Also

Lernen soll man

Sehen

Was der andere sieht

Hören soll man lernen

Was der andere hört

Wenn man selber redet

15.5.89

More people die
From
Self-deception
Then
Any other
cause
Outwardly
The don't look dead
Unfortunately
Neither they
Or others know
That they are
Also infectious
Specially those
Who want you t
To believe
They have
Your best interest
As their only
Priority

15.5.89

When you see passion
You see
Somebody
Trying to convince
Himself
Inadequately
That
He feels
Something
And
Is therefore
Justified
To be
A pain
In the ass
of everybody

Nur die fremden Frauen

Können wir begehren

Nur fremde Kinder

Können wir verstehen

Nur fremde Länder

Können wir als Heimat vorstellen

Und nur die Frommen fremder Religionen

Können wir verzeihen

Denn alles

Was uns nah ist

Damit können wir

Kaum etwas anfangen

Denn all die schönen Worte

Sind wie Sonntagskleider

Nur

Für sparsamen Gebrauch

Vorgesehen

Some
Pictures in the head
Can
Not only make
Your mind muddled
They van also
Make
Your vision fuzzy
Therefore
It is best
Not to have any pictures at all
But often
It is enough
To concentrate
At what you are doing

2.6.89

Mich dünkt

Die Zahl der Worte

Die zwei Menschen

Miteinander

Tauschen können

Ist festgelegt

Aber die Art

Nicht

Also gibt es

Unfaßbare

Unterschiede

In Beziehungen

25.5.89

Only the traitors

Talk of trust

Only the cowards

Talk of courage

Only the unbelievers

Talk of faith

Only the psychopaths

Talk of love

Because

Anyone

Even remotely humans

Fears

Big words

28.10.88

Viele Seelen

Wohnen

In der Brust

Eines Mannes

Nicht selten

Haben sie miteinander

Streit

Und der Mann

Wirkt

Gespalten

Die zwei Brüste

Einer Frau

Beherbergen

Noch mehr Seelen

Und sie sind alle zerstritten

Deshalb

Kennt keine Frau

Die Ruhe

25.5.89

Sensuous people
Are fugal and shy
They don't even try
To take in the mouth
What they cannot swallow
But what they eat
They know
In every detail
What was worth what
And how much to cherish

15.5.89

Wenn
Die Zahnlücken
Zunehmen
Schmecken
Manche Sachen
Die man möchte
Auch nicht mehr
Nur die vielen
Dummen
Meinen es
Und leiden
Was sie übrigens
Sowieso
Tun
Auch ohne
Gründe

28.5.89

When the sun shines
In Europe
The faces lighten up
When the sun shines
In Sahara
Everything is burnt
Could it be
That the faces
Would also lighten up
Without sunshine
And everything get burnt

28.5.89

Ich weiß
Jeder Profi Fußballer
Weiß
Daß jeder Tag
Auch im Training
Sein letzter
Spiel Tag sein kann
Dazu
Allzu oft
Schon
Eine Berufskatastrophe
Ich verstehe nicht
Wieso so viele
Ihnen
Ihr Gehalt verübeln

25.5.89

Mit nur

Wenigen Worten

Kann man

Das ganze Leben

Vieler Menschen

Ganzer Generationen

Vieler Länder

Angemessen beschreiben

Dabei

Weiß ich doch

Ein einziges Erlebnis

Kann man kaum

In einem dreibändigen Werke

Zusammenfassen

28.5.89

Every living organism
Desires to leave traces
To prove
That one did exist
And that makes
Murder a reality
Harmlesser organisms
Leave only
Piss and shit
And depending on climate
In days or weeks
They are lost

19.1.92

Eine Frau die frißt

Wird frivol

Und ist

Nett anzuschauen

Eine Frau

Die diniert

Wird dämlich

Und ist

Nicht nett anzuschauen

Nach kurzer Zeit

Auch nicht anzuschauen

30.5.89

Too much intimacy
Is intolerable
To much distance
Makes you insensitive
Therefore
It is best
To have a little
Of both
At different times
If possible
For a few hours
Once a week

26.5.89

Was wir die Freiheit nennen

Ist

Nichts anderes

Als

Eine Flucht von der Welt

Weil wir meinen

Uns

So wie wir sind

Nicht ertragen zu können

Aber auch nicht fähig

Uns zu verändern

19.1.92

In this life

You life in a market

What you give with one hand

With the other is what you get

The way it is set

It is the only way live

It is the only way, you bet

26.5.89

Wenn

Ich

Von einem erwachsenen Mann

Die Worte

Liebe, Vertrauen und Güte

Höre

Weiß

ich

Daß sie

Nicht weiß

Wovon sie spricht

Aber

Weiß

Daß sie

Wieder

Eine Giftmischung

Ausprobiert

31.5.89

Just when

People think

They have lots of lots to say

It turns out

They have nothing

To tell about

Except

Their wish

To kill everyone

Possible

After tortures surpassing

Inquisition

And this

Many times over

In

Not too many variants

15.5.89

Niemand ist
In Sünde geboren
Man wird
Erst ein Mensch
Wenn man sich schuldig
macht
Und lernen muß
Damit zu leben

16.06.89

I remember
When I talked
With animation
About abstractions
That were certainly
Too high for me to pontificate
With my then stand of knowledge
I was also quite aggressive
And primitively arrogant

16.5.89

Wieso

Verwelken

Hübsche

Junge Mädchen

Die mehr sind

Als man

Träumen kann

So früh

So gründlich

12.6.89

The only thing
I never regretted
Was
Learning new Words
The only
Real regret
I have
I did not learn
Enough

26.5.89

Die Mutterliebe
Ist ein Mythos
Das Ergebnis ist
Daß zu viele
Glaube
Irgendwie
Schuld zu tragen
Überhaupt
Geboren zu sein

12.6.89

Why do
Young girls
Become beautiful
Practiclly
Overnight
Why do young boys
Become attractive
So late
If at all

12.6.89

Im allgemeinen

Schon

Pfirsich große Brüste

Bewirken

Daß

Der Gang einer Teenie

Sich schon ändert

Ung zwar so

Daß sie

Jagdbar

Und Leicht einholbar

Wirkt